히라가나 · 카타가나

가나(仮名) 발음과 쓰기

金到誾(김도은) 編著

Academy House
學 士 院

차례

일러두기 ··· 4
1. 히라가나·카타가나의 자원(字源) ··· 5
2. 한자(漢字:かんじ) ·· 6
3. 히라가나·카타가나의 오십음도(五十音図:ごじゅうおんず) ······································· 7

第1部 かな쓰기와 발음연습

히라가나의 쓰기와 발음연습 ·· 13
카타카나의 쓰기와 발음연습 ·· 56

第2部 문장 쓰기

간단한 문장표현 연습 (50문장) ·· 71
자기소개서(自己紹介書) ··· 80
일본어 이력서 작성과 연습 ·· 81

일러두기

일본어를 처음 배우시는 학습자 여러분 안녕하세요.

1. 일본에서 사용하고 있는 문자에는 히라가나(ひらかな: 平仮名)과 카타카나(カタカナ: 片仮名)와 칸지(かんじ: 漢字) 세 가지가 있습니다. 가나(仮名)는 가짜 글자라는 의마가 있습니다. 이것은 한자에서 차용했을 때 획의 일부를 떼어내어 썼기 때문입니다.

2. 히라가는 헤이안(へいあん: 平安) 시대(794~1192년)의 초중기에 한자의 초서체(草書体: 곡선 위주의 흘림체)에서 유래된 문자입니다. 원래는 여성들 사이에 사용되었으나 현대에는 보편적으로 사용된 글자체가 되었습니다.

3. 카타카나는 역시 헤이안(平安)시대 초기에 승려들이 불경(仏経)을 읽기 쉽도록 한자의 획 일부분을 떼어 간단히 만든 독음문자(読音文字: 읽는 소리글자)로 써왔는데, 현대에 와서는 외국의 지명과 인명, 외래어・의성어・의태어・동물명・식물명・전보문・법령문 등에 사용되고 있습니다.

4. 원래 가나(かな) 문자수는 50자였기 때문에 그 발음을 고쥬온즈(五十音図)라 했으나, 현재 쓰이지 않는 4자를 제하면 46자입니다.

　　이 책에서는 (1) 청음(清音), (2) 탁음(濁音)・반탁음(半濁音)・요음(拗音), (3) 외래어(外来語) 표기음으로 분류한 표를 수록했습니다.

5. 가나(かな)음에서 (1) 발음을 낼 때 입모양과 (2) 가나 쓰기를 할 때 특성을 들어 비슷한 글자와 구별하게 하였습니다. 글자의 특징을 음미하면서 차근차근 연습해 봅시다.

6. 가나쓰기를 위해 쓰기난을 바련하였으며, 낱밀(난어)를 빌음하어 연습일 수 있게 하였고, 뜻을 적어 놓았습니다.

7. 음성부호는 東京外国語学外国語学部附属日本語学校(1972) 교과서를 참고했습니다.

8. 가나쓰기가 끝난 뒤에는 기본회화(基本会話) 50문장을 발췌하여 읽고 쓰도록 연습란을 두었습니다.

힘내세요(감바레: がんばれ: 頑張れ)!

1. 히라가나·카타가나의 자원(字源)

일본에서 사용하고 있는 文字에는「히라가나(ひらがな: 平仮名)」·「카타카나(カタカナ: 片仮名)」·「漢字(かんじ)」의 세 가지가 있다. 「ひらがな」와 「カタカナ」는 원래 漢字에서 유래된 문자이며, 이 두 문자를 「がな(仮名)」라 칭한다. 문장으로 표현할 때「がな」는 물론 한자도 같이 섞어서 사용한다.

「がな」문자수(文字数)는 현재 쓰이지 않는 4字를 제외하면「ひらがな」,「カタカナ」각기 46字이고, 현대에는 여기에 Roma字(ローマじ), Arabia 数字(アラビアすうじ) 등을 섞어 다양하게 사용하고 있다.

(1) 히라가나(平仮名:ひらがな)

히라가나는 平安(へいあん)시대(794~1192年) 초중기에 한자의 초서체(草書体)에서 유래(由来)된 문자로, 남자들이 한문을 사용한 반면에 주로 여성들 사이에서 사용되었기 때문에 女手(おんなで), 女文字(おんなもじ)라고도 불리웠으나 현대에는 일상생활의 문장·인쇄·필기 등에 가장 보편적으로 사용되는 자체가 되었다.

安	以	宇	衣	於
安	以	す	衣	扵
あ	い	う	え	お

<히라가나의 자원>

(2) 카타카나(片仮名:カタカナ)

카타카나는 平安시대 초기에 승려들이 불전(仏典: 불교경전인 仏経)을 읽기 쉽도록 한자의 획 일부분을 떼어 간단히 만든 독음문자로 쓰다가 오늘날에는「ひらがな」보다는 사용범위가 좁으며, 주로 외래어(외국의 인명과 지명에도 사용)·의성어·의태어 등에 사용되고 있다. 또, 간혹 감탄사나 어감을 강조하고자 하는 경우 등에도 사용된다.

阿	伊	宇	江	於
阿	伊	宇	江	於
ア	イ	ウ	エ	オ

<카타카나의 자원>

2. 한자(漢字:かんじ)

　백제가 멸망한 후 당(唐)나라와 교류하면서 중국(中国:ちゅうごく)의 한자를 수용(受容)한 뒤 복잡한 한자를 정리하여 정자(正字)가 아닌 속자(俗字), 글자 획수를 줄인 약자(略字:일본에서는 정자로 사용), 자체적으로 만든 일본 한자인 국자(国字)를 사용하고 있다.

　　① 속자 : 舘 → 館
　　② 약자 : 國 → 国
　　③ 국자 : 動 → 働

　교육용 한자를 선정할 필요성을 느낀 일본 문부성(文部省)은 1946(昭和 21)년 11월 16일에 당용한자(当用漢字:とうようかんじ)라고 해서 제1차(내각고시)로 제정(制定)한 1,850字를, 1981(昭和 56)년 10월 1일에 다시 제2차로 상용한자(常用漢字:じょうようかんじ)라는 이름으로 대체하여 1,945字로 자수를 늘렸다. 그리고 2010(平成 22)년 6월 7일 문화심의회(文化審議会)가 개정상용한자표(改訂常用漢字表) 2,136자를 답신해서 이것이 내각공지후 새로운 상용한자로 사용하게 되었다. 이때 196자를 추가했지만 기존 상용한자표에서 5자(勺・錘・銑・脈・匁)를 삭제하므로 191자가 증자(增字)된 것이다.

　한자 읽는 법에는 음독(音読)과 훈독(訓読)이 있는데 세분하면 5가지나 된다. 한자를 음독으로 읽는 경우도 있고, 훈독으로 읽는 경우도 있어 한자를 대할 때마다 꼼꼼이 따져 완전하게 이해하는 일이 무엇보다 중요하다.

　한자 읽는 법을 참고로 들어보면 ① 음독 ② 훈독 ③ 훈음, 또는 음훈 ④ 숙자훈 ⑤ 관용음이 있다.

(1) 음독(音読:おんどく)

한자가 일본에 전해지면서 그 한자가 가진 중국어(中国語) 발음이 일본어화(日本語化)한 것이다. 발음도 당나라음에 가깝다. 음독의 경우 한국어에서는 1자 1음이 원칙이지만, 일본어에서는 몇 가지나 된다. 말하자면 소리나는 대로 읽는 방법인데 한·중·일 한자권의 음독은 유사한 경우가 많다.

・安静:(ānjìng・中), (anjeong・韓), (ansei・日)

(2) 훈독(訓読:くんどく)

훈독은 그 한자의 뜻을 새겨 고유일본어인 와고(和語:わご)로 읽는 방법이다.

・人   : 사람   → ひと
・学ぶ   : 배우다   → まなぶ

(3) 쥬바코요미(重箱読み:じゅうばこよみ)와 유토오요미(湯桶読み:ゆとうよみ)

・団子(ダンご) : 경단   (쥬바코요미: 음＋훈)
・荷物(にモツ) : 화물   (유토오요미: 훈＋음)

(4) 취음자(当て字:あてじ)와 숙자훈(熟字訓:じゅくじくん)

・部屋(へや)   : 방   (취음자: 훈 차용)
・亜米利加(アメリカ) : 미국   (취음자: 음 차용)
・今日(きょう) : 오늘   (숙자훈: 훈·음에 관계없이 한자만 차용)

(5) 관용음(慣用音:かんようおん)과 백성독(百姓読み:ひゃくしょうよみ)

・話(クワ)   → (ワ): 이야기, 동화 (관용음)
・矜持(キョウジ)   → (キンジ): 긍지   (백성독)

3. 오십음도(五十音図:ごじゅうおんず)

「かな」를 음(音)에 따라 5자씩 10行으로 배열한 도표를 「五十音図」라고 한다.

또한 오십음도에서 다음 표에 제시한 바와 같이 가로의 열을 단(段)이라 하고, 세로의 줄을 행(行)이라 한다.

(1) ひらがな(平仮名)와 字源

	あ행	か행	さ행	た행	な행	は행	ま행	や행	ら행	わ행	
あ단	あ(安)	か(加)	さ(左)	た(太)	な(奈)	は(波)	ま(末)	や(也)	ら(良)	わ(和)	ん(无)
い단	い(以)	き(幾)	し(之)	ち(知)	に(仁)	ひ(比)	み(美)	(い)	り(利)	[ゐ](為)	
う단	う(宇)	く(久)	す(寸)	つ(川)	ぬ(奴)	ふ(不)	む(武)	ゆ(由)	る(留)	(う)	
え단	え(衣)	け(計)	せ(世)	て(天)	ね(祢)	へ(部)	め(女)	(え)	れ(礼)	[ゑ](恵)	
お단	お(於)	こ(己)	そ(僧)	と(止)	の(乃)	ほ(保)	も(毛)	よ(与)	ろ(呂)	を(遠)	

(2) カタカナ(片仮名)와 字源

	ア행	カ행	サ행	タ행	ナ행	ハ행	マ행	ヤ행	ラ행	ワ행	
ア단	ア(阿)	カ(加)	サ(散)	タ(多)	ナ(奈)	ハ(八)	マ(末)	ヤ(也)	ラ(良)	ワ(和)	ン(尔)
イ단	イ(伊)	キ(幾)	シ(之)	チ(千)	ニ(二)	ヒ(比)	ミ(三)	(イ)	リ(利)	[ヰ](井)	
ウ단	ウ(宇)	ク(久)	ス(須)	ツ(川)	ヌ(奴)	フ(不)	ム(牟)	ユ(由)	ル(流)	(ウ)	
エ단	エ(江)	ケ(介)	セ(世)	テ(天)	ネ(祢)	ヘ(部)	メ(女)	(エ)	レ(礼)	[ヱ](恵)	
オ단	オ(於)	コ(己)	ソ(曽)	ト(止)	ノ(乃)	ホ(保)	モ(毛)	ヨ(与)	ロ(呂)	ヲ(乎)	

(3) 히라가나·카타카나 오십음도(五十音図)

① ひらがな(平仮名) 일람표

	段 / 行		あ段	い段	う段	え段	お段
清音	母音	あ行	あ a	い i	う u	え e	お o
	子音	か行	か ka	き ki	く ku	け ke	こ ko
		さ行	さ sa	し shi	す su	せ se	そ so
		た行	た ta	ち chi	つ tsu	て te	と to
		な行	な na	に ni	ぬ nu	ね ne	の no
		は行	は ha	ひ hi	ふ hu	へ he	ほ ho
		ま行	ま ma	み mi	む mu	め me	も mo
	半母音	や行	や ya	(い) (i)	ゆ yu	(え) (e)	よ yo
	子音	ら行	ら ra	り ri	る ru	れ re	ろ ro
		わ行	わ wa	(い) (i)	(う) (u)	(え) (e)	を o
			ん N				
濁音		が行	が ga	ぎ gi	ぐ gu	げ ge	ご go
		ざ行	ざ za	じ ji	ず zu	ぜ ze	ぞ zo
		だ行	だ da	ぢ ji	づ zu	で de	ど do
		ば行	ば ba	び bi	ぶ bu	べ be	ぼ bo
半濁音		ぱ行	ぱ pa	ぴ pi	ぷ pu	ぺ pe	ぽ po

② カタカナ(片仮名) 일람표

		段\行	あ段	い段	う段	え段	お段
清音	母音	あ行	ア a	イ i	ウ u	エ e	オ o
	子音	か行	カ ka	キ ki	ク ku	ケ ke	コ ko
		さ行	サ sa	シ shi	ス su	セ se	ソ so
		た行	タ ta	チ chi	ツ tsu	テ te	ト to
		な行	ナ na	ニ ni	ヌ nu	ネ ne	ノ no
		は行	ハ ha	ヒ hi	フ hu	ヘ he	ホ ho
		ま行	マ ma	ミ mi	ム mu	メ me	モ mo
	半母音	や行	ヤ ya	(イ) (i)	ユ yu	(エ) (e)	ヨ yo
	子音	ら行	ラ ra	リ ri	ル ru	レ re	ロ ro
		わ行	ワ wa	(イ) (i)	(ウ) (u)	(エ) (e)	ヲ o
			ン N				
濁音		が行	ガ ga	ギ gi	グ gu	ゲ ge	ゴ go
		ざ行	ザ za	ジ ji	ズ zu	ゼ ze	ゾ zo
		だ行	ダ da	ヂ ji	ヅ zu	デ de	ド do
		ば行	バ ba	ビ bi	ブ bu	ベ be	ボ bo
半濁音		ぱ行	パ pa	ピ pi	プ pu	ペ pe	ポ po

(3) ひらがな · カタカナ의 외래어 표기

ぎゃ	ギャ			ぎゅ	ギュ				ぎょ	ギョ
gya				gyu					gyo	
じゃ	ジャ			じゅ	ジュ		ジェ	じょ	ジョ	
ja				ju		je		jo		
びゃ	ビャ			びゅ	ビュ				びょ	ビョ
bya				byu					byo	
ぴゃ	ピャ			ぴゅ	ピュ				ぴょ	ピョ
pya				pyu					pyo	

		ウィ				ウェ		ウォ
		wi				we		wo
	クァ							クォ
kwa								kwo
つぁ	ツァ		ツィ			ツェ		ツォ
tsa		tsi				tse		tso
		ティ						
		ti						
	ファ		フィ			フェ		フォ
fa		fi				fe		fo
		ディ	でゅ	デュ				
		di		du				
	ヴァ		ヴィ		ヴ	ヴェ		ヴォ
va		vi		vu		ve		vo

第**1**部
かな 쓰기와 발음연습

* 平仮名 쓰기와 발음연습

* 片仮名 쓰기와 발음연습

* 拗音 쓰기와 발음연습

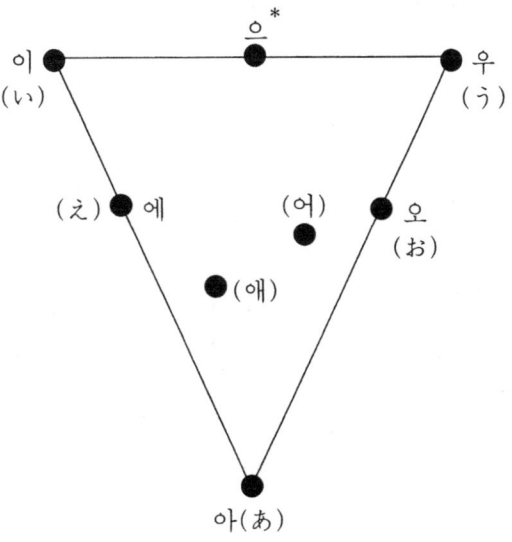

(1) 으ㆍ 발음은 つ、づ와 비슷하다.
(2) (어)ㆍ(애)는 일본에서 없는 모음이다.

일본어 모음도

■ あ(a) 行

あ a	い i	う u	え e	お o
安 あ あ	以 ~い い	宇 う う	衣 え え	於 お お

●발음

① 우리말의 「아·이·우·에·오」에 해당된다.

② 「う」는 「우」와 「으」의 중간음으로 발음한다.

③ 앞에서 본 발음시 입의 모양

ア〔a〕音　　イ〔i〕音　　ウ〔u〕音　　エ〔e〕音　　オ〔o〕音

④ 옆에서 본 입안의 발음현상

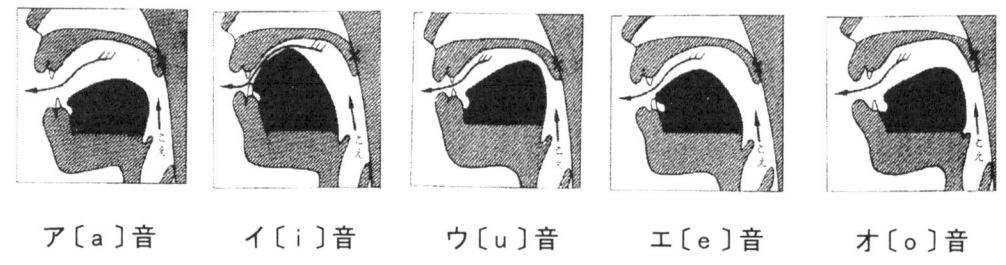

ア〔a〕音　　イ〔i〕音　　ウ〔u〕音　　エ〔e〕音　　オ〔o〕音

● 쓰기

① 「あ」와 「お」를 정확하게 구분하여 위는 좁게 아래는 넓게 쓴다.

② 「い」는 「り」가 되지 않게 1획을 2획보다 길게 그어야 한다.

③ 「う」는 「ら」가 되지 않도록 쓴다.

④ 「え」는 한자의 「之(지)」자처럼 점획이 가로획에 붙지 않도록 쓴다.

⑤ 「お」는 마지막 3획을 떼어서 약간 높게 긋는다.

あ あ い い う う え え お お

あ い

い え

う え

え え

お い

・あい 사랑, いえ 집, うえ 위, ええ 예, おい 조카

■ か(ka) 行

カ　ka	キ　ki	ク　ku	ケ　ke	コ　ko
加　か　か	幾　き　き	久　く　く	計　け　け	己　こ　こ

● 발음

① 1음절에 올 때는 「카·키·쿠·케·코」에 가깝게 발음한다.

② 2음절의 이하에 올 때는 「까·끼·꾸·께·꼬」에 가깝게 발음한다.

③ 「く」는 「쿠」와 「크」의 중간음으로 발음한다.

④ 「か·き·く·け·こ」에 모음 「あ·い·う·え·お」가 합성되었음을 유념하고, 앞의 모음의 발성법을 참고하여 발음하도록 한다.

⑤ 옆에서 본 입안의 음성도

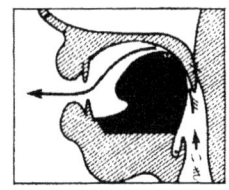

〔k〕音

● 쓰기

① 「か」의 점획은 약간 벌려서 비스듬히 내리긋는다.

② 「き」는 비스듬하게 뉘어서 쓰며 4획 사이는 넓게 쓴다.

③ 「く」는 직사각형으로 모나지않게 1획으로 쓴다.

④ 「け」는 1·3획 사이를 넓게 하고 3획은 약간 길게 쓴다.

⑤ 「こ」는 1·2획의 중간에 공간을 두고 이어쓰는 기분으로 쓴다.

か	か	き	き	く	く	け	け	こ	こ
か	か	き	き	く	く	け	け	こ	こ

かお	
あき	
かく	
いけ	
こい	

• かお 얼굴, あき 가을, かく 쓰다, いけ 연못, こい 잉어

■ さ(sa) 行

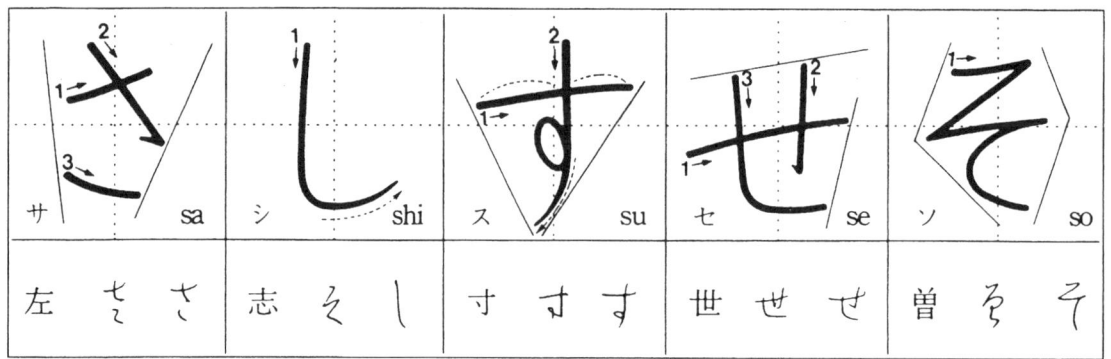

サ	さ	さ	sa	シ	し	shi	ス	す	su	セ	せ	se	ソ	そ	so
左	さ	さ	志	し	し	寸	す	す	世	せ	せ	曽	そ	そ

● 발음

① 우리말의 「사·쉬·스·세·소」 에 해당한다.

② 「し」 는 「쉬」 가까운 발음이다.

③ 「す」 는 「수」 가 아니라 「스」 에 가까운 음으로 발음한다.

④ 옆에서 본 입안의 음성도

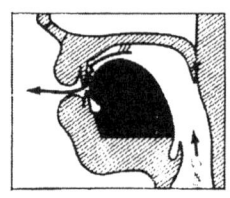 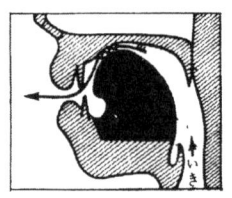

[s]音(さ·す·せ·そ)　　　[ʃ]音(し)

● 쓰기

① 「さ」 는 역삼각형 모양으로 적당히 이어쓰며 「き」 와 비슷하나 혼동하지 않도록 한다.

② 「し」 는 한 번에 내리긋다가 천천히 둥글게 구부려 끝을 흘려 마친다.

③ 「す」 는 중심이 오른쪽에 위치하여 돌리고 끝 획이 나오도록 쓴다.

④ 「せ」 는 가로획을 먼저 쓰고 2획이 3획보다 약간 높게 쓴다.

⑤ 「そ」 는 마름모꼴로 힘차게 연속해서 1획으로 단숨에 쓴다.

さ	さ	し	し	す	す	せ	せ	そ	そ
さ	さ	し	し	す	す	せ	せ	そ	そ

かさ	
しお	
いす	
あせ	
うそ	

• かさ 우산, しお 소금, いす 의자, あせ 땀, うそ 거짓말

■ た(da) 行

太 た た	知 ち ち	川 つ つ	天 て て	止 と と

● 발음

① 「た・て・と」가 1음절일 때는「타・테・토」에 가깝게 발음하고, 2음절 이하에는 「따・떼・또」에 가깝게 발음한다.

② 「ち」는 1음절일 때는「치」, 2음절 이하일 때는「찌」에 가깝게 발음한다.

③ 「つ」는「쓰」와「쯔」의 중간음으로 발음한다.

④ 옆에서 본 입안의 음성도

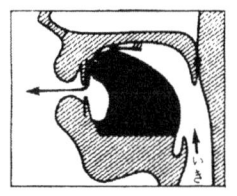 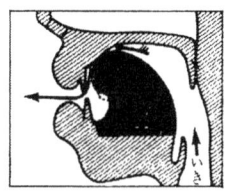 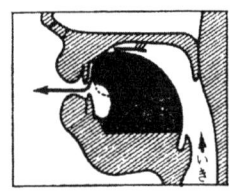

[t]音 (た・て・と)　　[tʃ]音 (ち)　　[ts]音 (つ)

● 쓰기

① 「た」는 1획은 짧게 2획은 약간 비스듬하게 내리 그으며, 위는 좁고 아래쪽은 넓게 쓴다.

② 「ち」는 가로 1획은 작게 쓰고, 2획의 뒷부분은 수평에 가까운 타원을 그려 내려 돌린다.

③ 「つ」는 1획으로 단숨에 오른쪽이 약간 올라간 듯하게 쓴다.

④ 「て」는 1획으로「こ」와 구별해서 안으로 비스듬하게 끝의 삐침이 길지 않게 쓴다.

⑤ 「と」는 1획과 2획 사이에 공간을 두고 이어쓰는 기분으로 쓴다.

た	た	ち	ち	つ	つ	て	て	と	と

たけ	
いち	
くつ	
てつ	
いと	

• たけ 대나무, いち 하나, くつ 구두, てつ 철, いと 실

■ な(na) 行

な	に	ぬ	ね	の
ナ /na	ニ /ni	ヌ /nu	ネ /ne	ノ /no
奈 奈 な	仁 に に	奴 奴 ぬ	祢 祢 ね	乃 乃 の

● 발음

① 우리말의 「나·니·누·네·노」와 같이 발음한다..

② 「な·ぬ·ね·の」는 [n]음으로 발음되고, 「に」는 「ɲ」음으로 혀끝이 입천장에 닿아 발음된다.

③ 옆에서 본 입안의 음성도

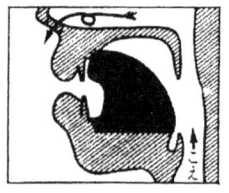 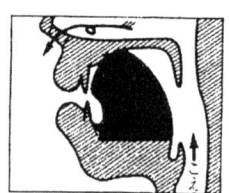

[n]音（な·ぬ·ね·の） 　　[ɲ]音（に）

● 쓰기

① 「な」는 「た」와 구별해서 3획점을 1획과 비슷한 높이가 되게 한다.

② 「に」는 「しこ」가 되지 않게 1획의 옆에 상하 2·3획을 알맞게 쓴다.

③ 「ぬ」는 가로 약간 넓게 쓰며, 2획의 맺는 부분의 모양에 유의한다.

④ 「ね」는 「れ」와 구별하고 1획과 2획의 만나는 위치에 유의하고 끝맺는 부분에 유의한다.

⑤ 「の」는 사선을 내리긋다 전체적으로 빙둘러 동그라미 밖으로 나가지 않도록 쓴다.

な	な	に	に	ぬ	ぬ	ね	ね	の	の

なか	
にく	
いぬ	
ねこ	
のち	

・なか 안(속),　にく 고기,　いぬ 개,　ねこ 고양이,　のち 뒤, 나중

■ は(ha) 行

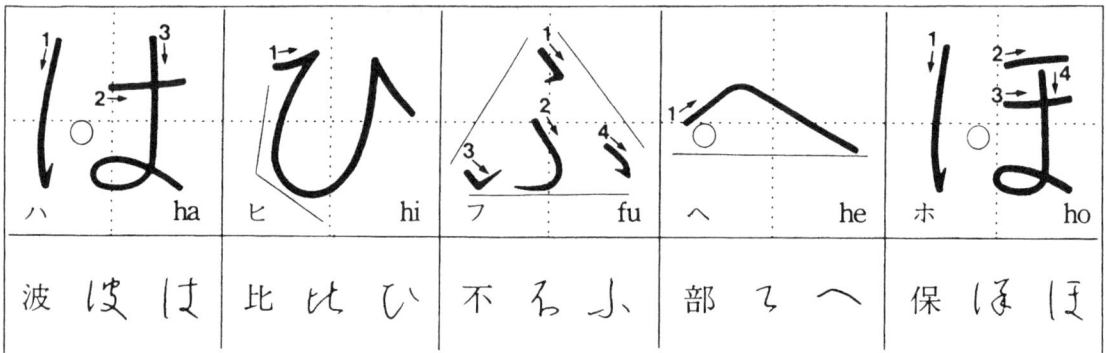

ハ	ha	ヒ	hi	フ	fu	ヘ	he	ホ	ho
波	は は	比	ひ ひ	不	ふ ふ	部	へ へ	保	ほ ほ

● 발음

① 우리말 「하・히・후・헤・호」와 같이 발음한다.

② 「は・へ・ほ」는 「h」음에 가깝게 발음한다.

③ 「ひ」는 [ç] 음에, 「ふ」는 [f]음에 가깝게 발음한다..

④ 옆에서 본 입안의 음성도

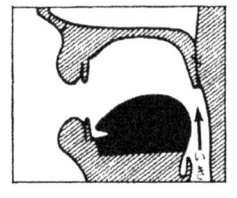 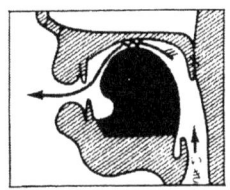

[h]音(は・へ・ほ)　　[f]音(ふ)　　[ç]音(ひ)

● 쓰기

① 「は」는 「ほ」와 구별하고 3획의 끝부분의 삐침을 짧게 한다.

② 「ひ」는 1획으로 처음과 끝맺는 부분의 비스듬한 기울기와 길이가 같게 한다.

③ 「ふ」는 시작 점획을 떼어서, 아래 양 점획은 같은 벌림으로 치키고 내린다.

④ 「へ」는 1획으로 오른쪽을 길게 눈썹을 그리듯이 단숨에 쓴다.

⑤ 「ほ」는 4획을 내려 끝부분을 돌리면서 처지지 않게 한다.

は は ひ ひ ふ ふ へ へ ほ ほ

はは	
ひと	
ふえ	
へい	
ほし	

• はは 어머니, ひと 사람, ふえ 피리, へい 담, ほし 별

■ ま(ma) 行

ま マ ma	み ミ mi	む ム mu	め メ me	も モ mo
末 ま ま	美 み み	武 む む	女 め め	毛 も も

● 발음

① 우리말의 「마・미・무・메・모」와 같이 발음한다.

② 「む」는 「무」와 「므」의 중간음으로 발음한다.

③ 옆에서 본 입안의 음성도

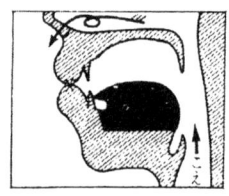

〔m〕音

● 쓰기

① 「ま」는 전체적으로 직사각형 모양으로 쓰고 3획의 끝부분의 삐침을 짧게 한다.

② 「み」는 삼각형 모양으로 2획을 너무 길지 않게 쓴다.

③ 「む」는 2획의 내리 돌려 그어 끝나는 삐침과 3점획의 위치에 유의한다.

④ 「め」는 「ぬ(누)」와 구별해서 쓰고, 2획을 높게 잡아 쓴다.

⑤ 「も」는 「し」를 먼저 쓰고, 꼬리는 작게 돌려 2・3가로획으로 글자를 3등분한다.

| ま | ま | み | み | む | む | め | め | も | も |

まち	
みみ	
むし	
あめ	
もも	

• まち 도시, みみ 귀, むし 벌레, あめ 비, もも 복숭아

■ や(ya) 行

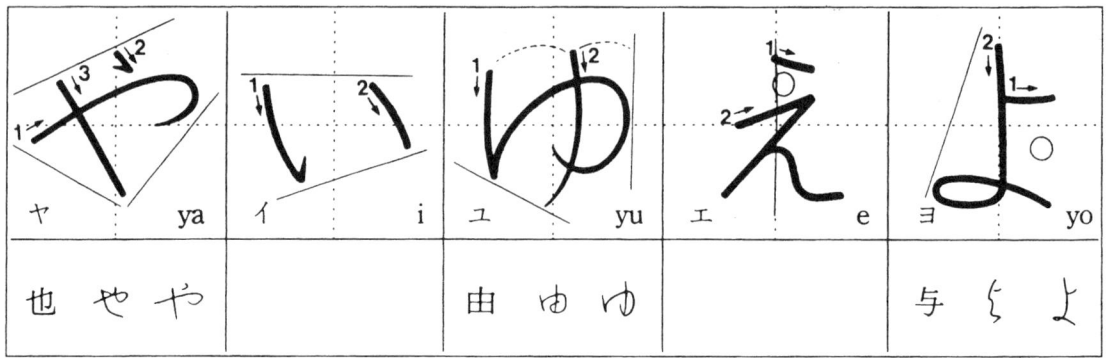

ヤ ya	イ i	ユ yu	エ e	ヨ yo
也 や や		由 ゆ ゆ		与 ㄥ よ

● 발음

① 우리말의 「야·유·요」와 같이 발음한다.

② 「や·ゆ·よ」는 반모음이다.

③ 옆에서 본 입안의 음성도

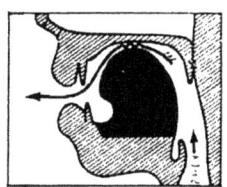

〔j〕音

● 쓰기

① 「や」는 가로 1획은 길게, 3획은 짧게 써서 전체가 부채꼴을 이루도록 쓴다.

② 「ゆ」는 1획을 내리그어 돌릴 때 유의하며 유연한 선으로 부드럽게 2획을 약간 길게 이어서 한 획처럼 내리 삐쳐 쓴다.

③ 「よ」는 「上(상)」자가 되지 않도록 가로 점획을 먼저 긋고 삼각형이 되게 쓴다.

や	や	い	い	ゆ	ゆ	え	え	よ	よ
や	や	い	い	ゆ	ゆ	え	え	よ	よ

やま	
ゆき	
よこ	

• やま 산, ゆき 눈, よこ 옆, 곁

■ ら(ra) 行

ら	り	る	れ	ろ
ラ ra	リ ri	ル ru	レ re	ロ ro
良 ろ ら	利 わ り	留 ゐ る	礼 礼 れ	呂 ろ ろ

● 발음

① 우리말의 「라·리·루·레·로」와 같이 발음한다.

② 「る」는 「루」와 「르」 중간음으로 발음한다.

③ 옆에서 본 입안의 음성도

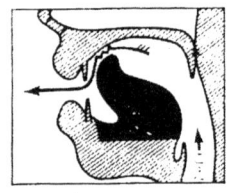

〔r〕音

● 쓰기

① 「ら」는 1의 점획에 유의하고 2획은 비스듬하게 내려 완만히 올려 돌린다.

② 「り」는 서로 마주 보듯이 하여 2획을 길게 쓴다.

③ 「る」는 좌우 균형있게, 끝부분 원은 글자의 중심부에서 쓰여져야 한다. .

④ 「れ」는 「ね」와 「わ」와 구별하고, 2획 끝을 바깥쪽으로 돌린다.

⑤ 「ろ」는 1획으로 처음 부분을 짧게 그어 글자가 좌우로 균형있게 쓰며, 동그라미 부분의 반타원형이 글자 중심부의 수직선에 끝나야 한다.

ら	ら	り	り	る	る	れ	れ	ろ	ろ

そら	
とり	
るす	
れい	
いろ	

• そら 하늘,　とり 새,　るす 부재중,　れい 예(例),　いろ 색깔

■ わ(wa) 行, ん(ŋ・n・ŋ・m)

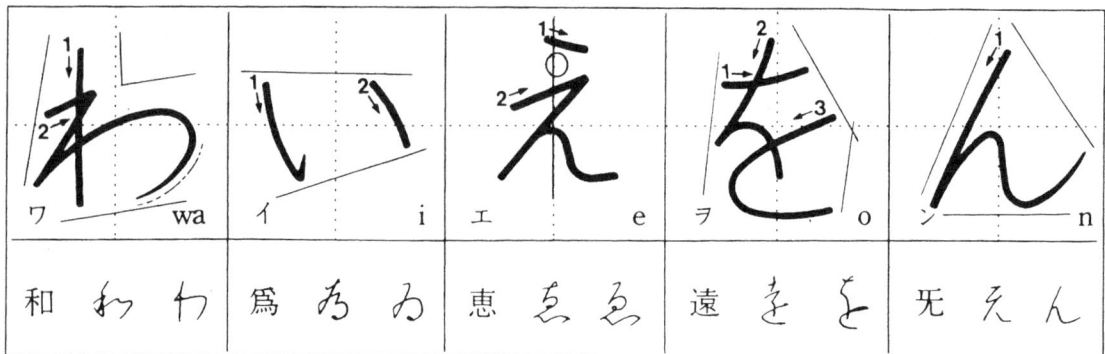

● 발음

① 「わ」는 우리말의「와」와 같이 발음한다.

② 「を」는 조사로만 쓰이는 글자이며「お(o)」와 같이 발음한다.

③ 「ん」은 우리말 받침에 해당하며 ④번의 그림을 참조하여 발음해보자.

④ 옆에서 본 입안의 음성도

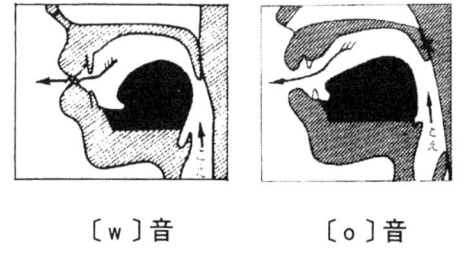

[w]音   [o]音

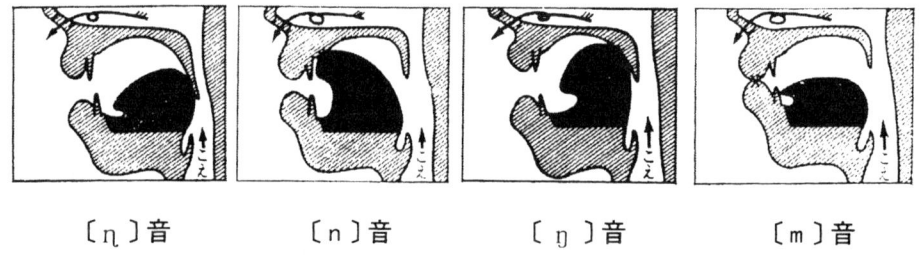

[ŋ]音   [n]音   [ŋ]音   [m]音

● 쓰기

① 「わ」의 점획은 약간 벌려서 비스듬히 내리긋는다.

② 「を」는 비스듬하게 뉘어서 쓰며 4획 사이는 넓게 쓴다.

③ 「ゐ(이)」와 「ゑ(에)」는 현재 쓰이지 않는 글자이다.

④ 「ん」은 1획으로 아래 획을 맞추어 세모가 되게 쓴다.

わ	わ				を	を				ん	ん

かわ	
にわ	
わに	
〜を	
さん	

・か<u>わ</u> 강, に<u>わ</u> 뜰, <u>わ</u>に 악어, 〜を 〜을, さ<u>ん</u> 삼(三)

■ が(ga) 行

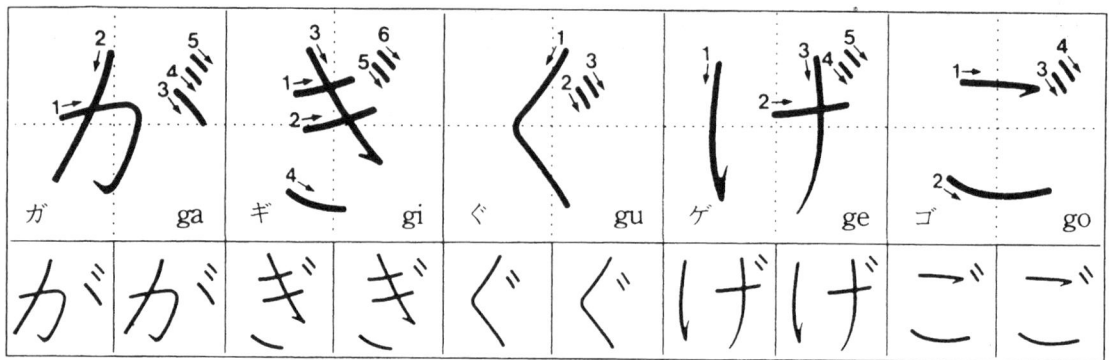

● 발음

① 우리말의 「가·기·구·게·고」에 가깝이 발음한다.

② 탁음(濁音)은 목청이 떨어 울리는 소리, 곧 유성음(有声音)이다. *한국인은 한국어의 음운구조상 어두(語頭)에서는 무성음, 어중(語中)에서는 유성음으로 발음하는 경향이 있다.

가게[kage]의 앞의 「가」는 「か」로, 뒤의 「게」는 「げ」로 발음되기 쉽다.

③ 「が」행의 글자가 다른 글자 뒤에 접속될 때는 「o」음의 콧소리(비음)로 발음되기도 한다.

④ 옆에서 본 입안의 음성도

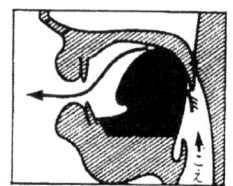

〔g〕音

● 쓰기[탁점에 대하여]

① 가나의 오른쪽 어깨 위에 찍은 두 점(˝)을 탁점이라고 말한다.

② 탁점은 글자와 붙지 않게 쓴다.

③ 탁점과 글자와의 위치에 유의한다.

④ 탁점도 2획으로 간주한다.

⑤ 「か」行 쓰기와 꼭 같으며 다만 ˝ 을 찍는다.

が	が	ぎ	ぎ	ぐ	ぐ	げ	げ	ご	ご

がか	
かぎ	
ぐち	
げた	
ごご	

• がか 화가, かぎ 열쇠, ぐち 어리석음, げた 나막신, ごご 오후

■ ざ(za) 行

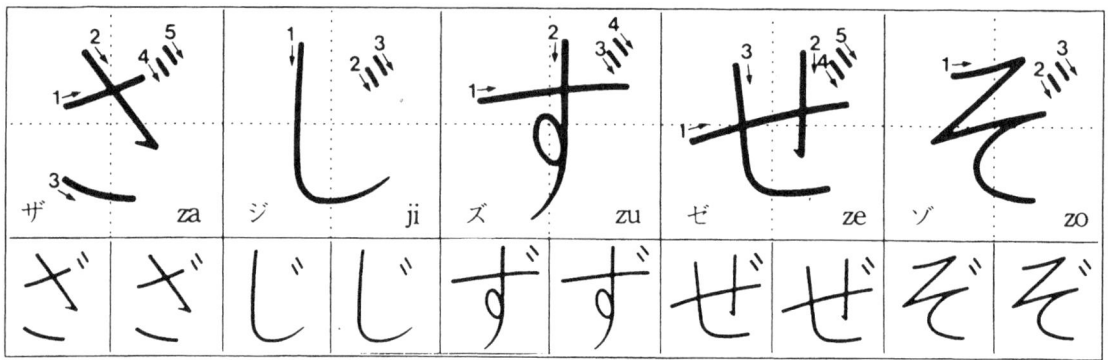

● 발음

① 우리말의 「자・지・즈・제・조」에 가깝이 발음한다.

② 「ざ・ぜ・ぞ」는 「z」음에 가깝고,「じ・ず」는 [dʒ]음에 가깝다.

③ 「ず」는「づ」와 같은 자로 쓰인다.

④ 「じ」는「ぢ」와 같은 자로 쓰인다.

⑤ 옆에서 본 입안의 음성도

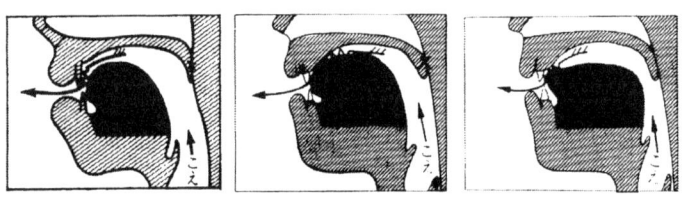

　　〔z〕音　　　〔dʒi〕音(じ)　　〔dʒɯ〕音(ず)

● 쓰기

① 탁점(゛)은 「だくてん」 또는 「にごり」라고 한다.

② 탁점은 성대를 떨면서 발음하므로 유성음(**有声音**)에 속한다.

③ 탁점이 붙으므로 발음이나 뜻이 달라진다.

④ 탁점은 외국사람으로서는 가장 착각하기 쉬우므로 발음을 해보면서 꼼꼼이 확인하고 찍어야 한다.

ざ	ざ	じ	じ	ず	ず	ぜ	ぜ	ぞ	ぞ
ざ	ざ	じ	じ	ず	ず	ぜ	ぜ	ぞ	ぞ

ざる	
じき	
ちず	
かぜ	
ぞう	

• ざる 소쿠리, じき 시기(時期), ちず 지도, かぜ 감기, ぞう 코끼리

■ だ(ka) 行

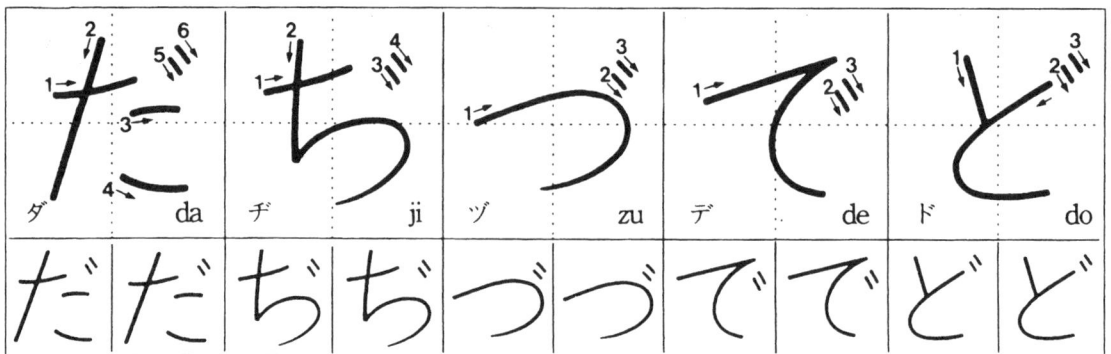

| だ | だ | ぢ | ぢ | づ | づ | で | で | ど | ど |

● 발음

① 「だ・で・ど」는 우리말「다・데・도」음에 가깝고, 「ぢ・づ」는 우리말「지・즈」에 가까운 발음이다.

② 「ぢ」는「じ」와 같은 자로 쓰이고,「づ」도「ず」와 같은 자로 쓰인다.

③ 옆에서 본 입안의 음성도

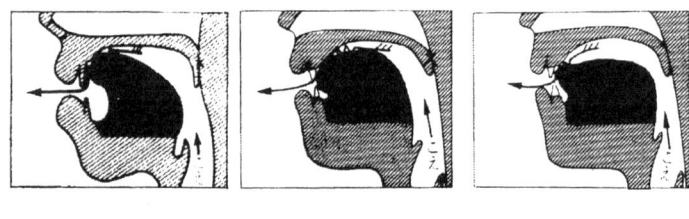

〔d〕音　　　〔dʒi〕音(ぢ)　　　〔dʒɯ〕音(づ)

● 쓰기

① 「た」행의 쓰기와 같으며 탁점을 찍는 것을 잊어서 안된다.

② 탁점을 찍지 않으면 전연 다른 뜻이 되는 단어도 있다.

　(예) ひよう(費用) : 비용

　　　　びよう(美容) : 미용

だ	だ	ぢ	ぢ	づ	づ	で	で	ど	ど

だめ	
ちぢ	
ねづく	
でる	
どこ	

• だめ 쓸모없는, ちぢ 온갖, ねづく 뿌리내리다, でる 나오(가)다, どこ 어디

■ ば(ba) 行

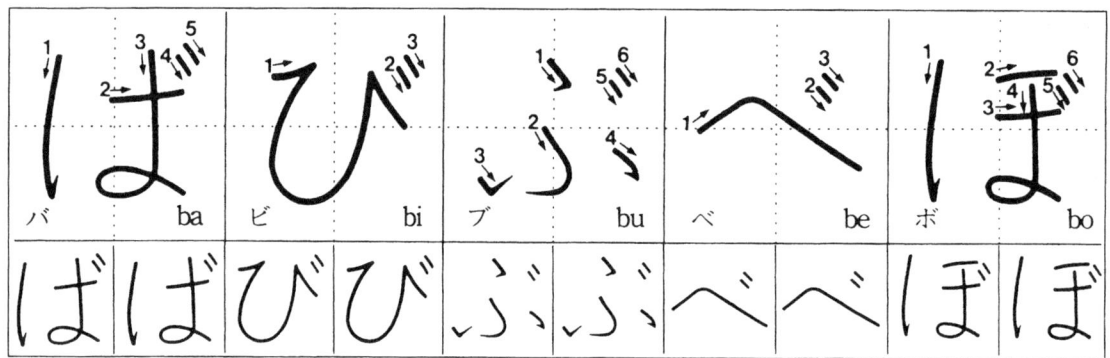

バ ba	ビ bi	ブ bu	ベ be	ボ bo
ばば	びび	ぶぶ	べべ	ぼぼ

● 발음

① 우리말의 「바·비·부·베·보」에 가까운 발음이다.

② 「ぶ」는 우리말 「부」와 「브」의 중간 발음이다.

③ 「は」는 청음(무성음)이고, 「ば」는 탁음(유성음)이라고 한다.

④ 옆에서 본 입안의 음성도

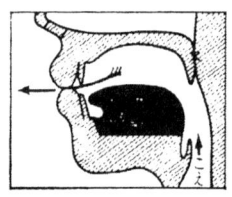

〔b〕音

● 쓰기

① 쓰는 방법은 청음(무성음) **は行**과 같으며 탁점 「〝」을 찍는다.

② 「ほ」와 구별하여 쓰고, 탁점을 글자의 어깨부위에 알맞게 찍는다.

ば ば び び ぶ ぶ べ べ ぼ ぼ

ばか	
べつ	
びわ	
ぶた	
そぼ	

・ばか 바보, びわ 비파, ぶた 돼지, べつ 다름(상이), そぼ 할머니

■ ぱ(pa) 行

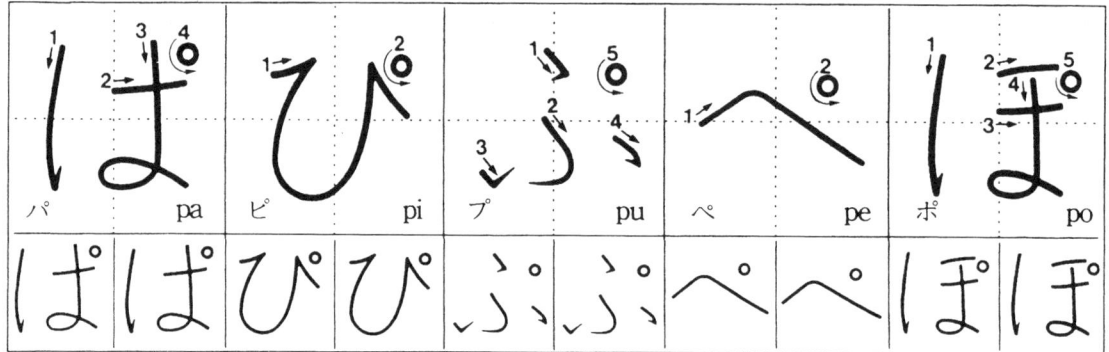

● 발음

① 「ぱ」행 음을 반탁음이라고 한다. 우리말의 된 소리와 비슷하다.

② 반탁음은 반정도의 탁음은 아니다.

③ 주로 외래어 등을 표기한다.

④ 1음절일 때는 우리말의 「파·피·푸·페·포」에 가까운 음인데, 2음절일 때는 「빠·삐·뿌·뻬·뽀」에 가까운 음이다.

⑤ 옆에서 본 입안의 음성도

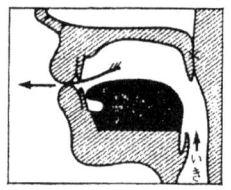

〔p〕音

● 쓰기

① 「ぱ」행 쓰기는 「は」행과 같으나 반탁점(半濁点)「゜, まる, 또는 まるてん」을 글자의 오른쪽 어깨에 알맞게 붙인다.

② 반탁음「゜」의 크기가 너무 작거나 크게 쓰지 말고 글자와의 균형을 고려하고, 위치를 잡는다.

ぱ	ぱ	ぴ	ぴ	ぷ	ぷ	ぺ	ぺ	ぽ	ぽ
ぱ	ぱ	ぴ	ぴ	ぷ	ぷ	ぺ	ぺ	ぽ	ぽ

しんぱい	
ぴかぴか	
せっぷく	
ぺらぺら	
さんぽ	

• しんぱい 걱정, ぴかぴか 반짝반짝, せっぷく 할복, ぺらぺら 술술, さんぽ 산책

■ きゃ・きゅ・きょ (kya・kyu・kyo) 行
ぎゃ・ぎゅ・ぎょ (gya・gyu・gyo) 行

きゃ	きゅ	きょ	ぎゃ	ぎゅ	ぎょ
キャ	キュ	キョ	ギャ	ギュ	ギョ

● 발음

① 발음은 「きや」(키야)가 아니고, 「きゃ」(캬)처럼 1음으로 발음해야 한다.

② 각기 음은 우리말의 「캬・큐・쿄」와 「갸・규・교」에 가까운 음이다.

③ ん 뒤 음의 경우에 음성도 끝 그림을 참조하여 발음해보자(비음현상→콧소리)

　　きんぎょ(金魚): 금붕어는 「kingyo → kiŋyo」로 발음된다.

④ 옆에서 본 입안의 음성도

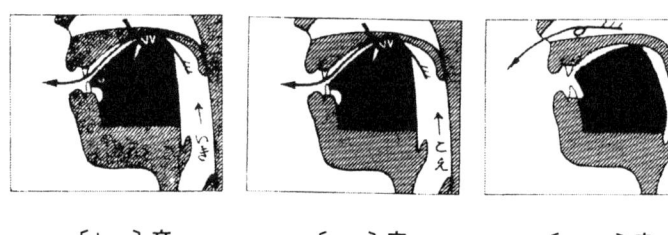

　　〔ky〕音　　　　〔gy〕音　　　　〔ŋy〕音

● 쓰기

① 요음은 히라가나 「や・ゆ・よ」와 카타카나 「ヤ・ユ・ヨ」 각기 3자씩이다.

② 요음은 앞 글자의 크기와 위치를 생각하여 균형을 잡아 써야 한다.

きゃ	きゅ	きょ	ぎゃ	ぎゅ	ぎょ
きゃ	きゅ	きょ	ぎゃ	きゅ	きょ

キャ	キュ	キョ	ギャ	ギュ	ギョ
キャ	キュ	キョ	ギャ	ギュ	ギョ

きゃく	
きゅうこう	
きょう	
ぎゃく	
ぎゅうば	
ぎょふ	

• きゃく 손님, きゅうこう 급행, きょう 오늘, ぎゃく 반대, ぎゅうば 우마, ぎょふ 어부

■ しゃ・しゅ・しょ (sya・syu・syo) 行
　しゃ・じゅ・じょ (zya・zyu・zyo) 行

しゃ	しゅ	しょ	じゃ	じゅ	じょ
シャ	シュ	ショ	ジャ	ジュ	ジョ

● 발음

① 우리말의 「샤・슈・쇼」와 「쟈・쥬・죠」에 가까운 발음이다.

② 옆에서 본 입 안의 음성도

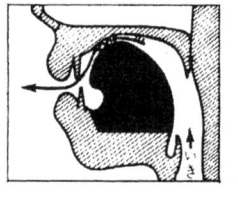
〔ʃ〕音

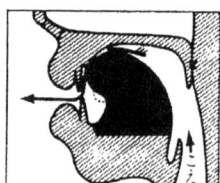
〔dʒ〕音

● 쓰기

① 요음은 글자의 크기와 위치를 생각하여 균형을 잡아 써야 한다.

② 카타카나 표기시는 요음의 역할이 중요하지만, ア・イ・ウ・エ・オ로 모음표기를 병용하고, 이것만으로도 발음이 미치지 못할 경우 요음크기로　ア・イ・エ・オ 4자를 채용해서 표기한다. 장음시는 イ대신 ー(장음부호)를 쓴다.

・フェアープレー(fair play)

・インキ(ink, インク로도 쓴다)

・レディーファースト(lady first)

しゃ	しゅ	しょ	じゃ	じゅ	じょ
しゃ	しゅ	しょ	じゃ	じゅ	じょ

シャ	シュ	ショ	ジャ	ジュ	ジョ
シャ	シュ	ショ	ジャ	ジュ	ジョ

しゃかい	
しゅき	
ばしょ	
じゃま	
じゅうよう	
じょし	

• しゃかい 사회, しゅき 수기, ばしょ 장소, じゃま 방해, じゅうよう 중요, じょし 여자

■ ちゃ・ちゅ・ちょ (chya・chyu・chyo) 行
　 にゃ・にゅ・にょ (nya・nyu・nyo) 行

ちゃ	ちゅ	ちょ	にゃ	にゅ	にょ
チャ	チュ	チョ	ニャ	ニュ	ニョ

● 발음

① 우리말 「챠・츄・쵸」와 「냐・뉴・뇨」에 가까운 발음이다.

② 옆에서 본 입 안의 음성도

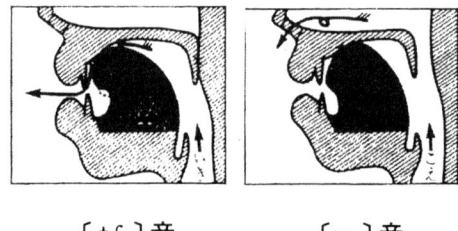

〔tʃ〕音　　　〔ɲ〕音

● 쓰기

① 요음은 글자의 크기와 위치를 생각하여 균형을 잡아 써야 한다.

② 「ちゃ・ちゅ・ちょ」의 탁음은 「ぢゃ・ぢゅ・ぢょ」로 표기할 수 있으나 쓰여지지 않고, 「じゃ・じゅ・じょ」로 표기한다.

ちゃ	ちゅ	ちょ	にゃ	にゅ	にょ
ちゃ	ちゅ	ちょ	にゃ	にゅ	にょ

チャ	チュ	チョ	ニャ	ニュ	ニョ
チャ	チュ	チョ	ニャ	ニュ	ニョ

おちゃ	
ちゅうい	
ちょうり	
こんにゃく	
にゅうがく	
にょうぼう	

• おちゃ 차, ちゅうい 주의, ちょうり 조리, こんにゃく 곤약, にゅうがく 입학, にょうぼう 아내

■ ひゃ・ひゅ・ひょ (hya・hyu・hyo) 行
　びゃ・びゅ・びょ (bya・byu・byo) 行

ひゃ	ひゅ	ひょ	びゃ	びゅ	びょ
ヒャ	ヒュ	ヒョ	ビャ	ビュ	ビョ

● 발음

① 우리말의 「햐・휴・효」와 「뱌・뷰・보」에 가까운 발음이다.

② 옆에서 본 입 안의 음성도

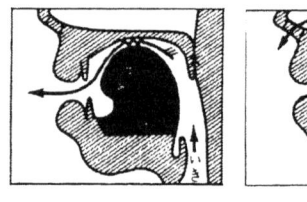 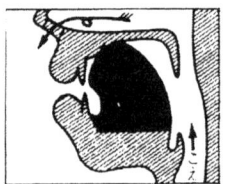

〔ç〕音　　　〔bya〕音

● 쓰기

① 요음은 글자의 크기와 위치를 생각하여 균형을 잡아 써야 한다.

② は(ハ)행은 청음・탁음・반탁음 구별을 확실히 하는 것이 일본어 공부의 지름길이
기도 하다.

ひゃ	ひゅ	ひょ	びゃ	びゅ	びょ
ひゃ	ひゅ	ひょ	びゃ	びゅ	びょ

ヒャ	ヒュ	ヒョ	ビャ	ビュ	ビョ
ヒャ	ヒュ	ヒョ	ビャ	ビュ	ビョ

ひゃく	
ひょうき	
ひょうじ	
さんびゃく	
ごびゅう	
びょういん	

• ひゃく 백, ひょうき 표기, ひょうじ 표시, さんびゃく 삼백, ごびゅう
　오류, びょういん 병원

■ ぴゃ・ぴゅ・ぴょ (pya・pyu・pyo) 行
みゃ・みゅ・みょ (mya・myu・myo) 行

ぴゃ	ぴゅ	ぴょ	みゃ	みゅ	みょ
ピャ	ピュ	ピョ	ミャ	ミュ	ミョ

● 발음

① 우리말의 「퍄・퓨・표」와 「먀・뮤・묘」에 가까운 발음이다.

② 「ぴゃ・ぴゅ・ぴょ」는 반탁음이다.

③ 옆에서 본 입 안의 음성도

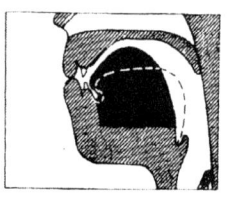 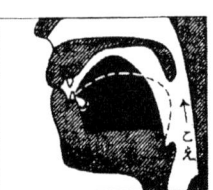

〔pa〕音(숨) 〔mya〕音
〔pya〕音(소리)

● 쓰기

① 요음은 글자의 크기와 위치를 생각하여 균형을 잡아 써야 한다.

ぴゃ	ぴゅ	ぴょ	みゃ	みゅ	みょ
ぴゃ	ぴゅ	ぴょ	みゃ	みゅ	みょ

ピャ	ピュ	ピョ	ミャ	ミュ	ミョ
キャ	キュ	キョ	ギャ	ギュ	ギョ

ろっぴゃく	
ピューマ	
はっぴょう	
みゃく	
みょうだ	
みょうり	

• ろっぴゃく 육백,　ピューマ 퓨마,　はっぴょう 발표,　みゃく 맥(脈),
　みょうだ 묘하다,　みょうり 명리(名利)

■ りゃ・りゅ・りょ (rya・ryu・ryo) 行

りゃ	りゅ	りょ			
リャ	リュ	リョ			

● 발음

① 우리말의 「랴・류・료」에 가까운 발음이다.

② 옆에서 본 입 안의 음성도

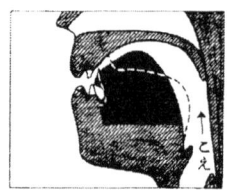

〔rya〕音

● 쓰기

① 요음은 글자의 크기와 위치를 생각하여 균형을 잡아 써야 한다.

りゃ	りゅ	りょ			
りゃ	りゅ	りょ			
リャ	リュ	リョ			
リャ	リュ	リョ			

りゃくじ	
かりゅう	
りょう	

• りゃくじ 약자, かりゅう 하류, りょう 기숙사, 양(量)

■ ア(a) 行

ア	あ a	イ	い i	ウ	う u	エ	え e	オ	お o
阿	2획으로 중심을 잡아 쓴다.	伊	1획은 약간 가볍게 삐친다.	宇	「ラ」가 되지 않게 쓴다.	江	「ユ」가 되지 않게 쓴다.	於	역삼각형이 되게 쓴다.

アイス	
インキ	
ウェイ	
エイジ	
オフィス	

• アイス(ice) 얼음, インキ(ink) 잉크, ウェイ(way) 방향, エイジ(age) 시대, オフィス(office) 사무소

■ カ(ka) 行

カ か ka	キ き ki	ク く ku	ケ け ke	コ こ ko
加 1획을 약간 각지게 쓰다.	幾 비스듬히 뉘어 쓴다.	久 「タ」와 구별 획 방향이 같게 쓴다.	介 「ク」와 구별 획 방향에 유의한다.	己 「ユ」가 되지 않게 쓴다.

カ	キ	ク	ケ	コ

カード	
キャンプ	
クラブ	
ケース	
コーン	

• カード(card) 카드, キャンプ(camp) 캠프, クラブ(club) 클럽, ケース (case) 상자, コーン(corn) 옥수수

■ サ(sa) 行

サ さ sa	シ し shi	ス す su	セ せ se	ツ そ so
散 가로획을 먼저 쓴다.	之 「ツ」가 되지 않게 쓴다.	須 「ヌ」가 되지 않게 쓴다.	世 히라가나「せ」와 구별한다.	僧 「ン」이 되지 않게 쓴다.
サ サ	シ シ	ス ス	セ セ	ツ ツ

サイド	
シート	
スキン	
セット	
ソーダ	

• サイド(side) 옆, シート(seat) 자리, スキン(skin) 피부, セット(set) 세트, ソーダ(soda) 소다

■ タ(ta) 行

た ta	ち chi	つ tsu	て te	と to
タ	チ	ツ	テ	ト
多 「ク」와 구별하여 쓴다.	千 「千」이 되지 않게 쓴다.	川 「シ」와 구별하여 쓴다.	天 「ラ」가 되지 않게 쓴다.	止 2획은 약간 위쪽에 쓴다.

タオル	
チェア	
ツリー	
ティー	
トップ	

• タオル(towel) 수건, チェア(chair) 의자, ツリー(tree) 나무, ティー(tea) 차, トップ(top) 첫째

■ ナ(na) 行

な	na	に	ni	ぬ	nu	ね	ne	の	no
奈	2획으로 중심에서 내리 삐친다.	仁	2획을 약간 길게 쓴다.	奴	「ス」가 되지 않게 쓴다.	祢	○부분의 간격이 같게 쓴다.	乃	단번에 비스듬이 삐친다.

ナイン	
ニュー	
ヌード	
ホーム	
ノート	

• ナイン(nine) 9, ニュー(new) 새것, ヌード(nude) 알몸, ネーム(name) 이름, ノート(note) 노트

■ ハ(ha) 行

ハ ha	ヒ hi	フ fu	ヘ he	ホ ho
八 「八」자가 되지 않도록 쓴다.	比 가로 1획을 먼저 쓴다.	不 「フ」이 되지 않게 쓴다.	部 눈썹 모양으로 1획으로 쓴다.	保 3,4획을 균형 있게 쓴다.

ハーフ	
ヒール	
フード	
ヘッド	
ホーム	

• ハーフ(half) 반, ヒール(heel) 뒤꿈치, フード(food) 음식, ヘッド(head) 머리, ホーム(home) 가정

■ マ(ma) 行

ま	ma	み	mi	む	mu	め	me	も	mo
末	「ア」가 되지 않게 주의한다.	三	획의 간격이 고르게 쓴다.	牟	세모꼴로 균형 있게 쓴다.	女	「ㄨ」가 되지 않게 주의한다.	毛	2획을 1획보다 길게 쓴다.

マーク	
ミラー	
ムード	
メイト	
モード	

• マーク(mark) 상표, ミラー(mirror) 거울, ムード(mood) 무드, メイト (mate) 짝, モード(mode) 유행

■ ヤ(ya) 行

ヤ		ユ		ヨ	
や　　ya		ゆ　　yu		よ　　yo	
也 2획을 약간 비스듬히 쓴다.		由 「ユ」로 쓰지 않도록 한다.		與 간격이 일정하도록 쓴다.	
ヤ　ヤ				ユ　ユ				ヨ　ヨ	

ヤーン	
ヤード	
ユーザー	
ユーモア	
ヨット	

• ヤーン(yarn) 직물, ヤード(yard) 야드, ユーザー(user) 수요자, ユーモア(humor) 유머, ヨット(yacht) 요트

■ ラ(ra) 行

ラ	リ	ル	レ	ロ
ら ra	り ri	る ru	れ re	ろ ro

良	「ウ」가 되지 않게 쓴다.	利	「ソ」가 되지 않게 쓴다.	流	1획은 짧게 내리 삐친다.	礼	1획으로 내려서 삐쳐 올린다.	呂	한자 口와 같게 쓴다.

ライス	
リフト	
レター	
レベル	
ロゴス	

• ライス(rice) 밥, リフト(lift) 승강기, レター(letter) 편지, レベル(level) 수준, ロゴス(logos) 이성

■ ワ(wa) 行

ワ			ヲ			シ	
わ　　　wa			を　　　o			ん　　n, m, ŋ	
和	「つ」와 구별 하여 쓴다.		乎	「ラ」가 되지 않게 쓴다.		尓	「ソ」가 되지 않게 쓴다.

ワーク	
ワイフ	
ワイヤー	
ワイン	
ダンス	

• ワーク(work) (일), ワイフ(wife) 아내, ワイヤー(wire) 철사, ワイン(wine) 포도주, ダンス(dance) 춤

■ ガ(ga) 行

ガ	ギ	グ	ケ	ゴ
が　　　ga	ぎ　　　gi	ぐ　　　gu	げ　　　ge	ご　　　go
「カ」와 같이 쓰고 탁점을 찍는다.	「キ」와 같이 쓰고 탁점을 찍는다.	「ク」와 구별하여 쓰고 탁점을 찍는다.	「ケ」와 같이 쓰고 탁점을 찍는다.	「コ」와 같이 쓰고 탁점을 찍는다.

ガイド	
ギフト	
グラス	
ゲーム	
ゴール	

• ガイド(guide) 안내(자),　ギフト(gift) 선물,　グラス(glass) 유리컵,　ゲーム(game) 게임,　ゴール(goal) 골, 목적(지)

■ ザ(za) 行

ザ	ジ	ズ	ゼ	ゾ
ざ　za	じ　ji	ず　zu	ぜ　ze	ぞ　zo
가로획을 먼저 쓰고 탁점을 찍는다.	「ッ」가 되지 않게 쓰고 탁점을 찍는다.	「ヌ」가 되지 않게 쓰고 탁점을 찍는다.	「セ」와 같게 쓰고 탁점을 찍는다.	「ン」과 구별하여 쓰고 탁점을 찍는다.

デザート	
ジャンプ°	
ズボン	
ゼブラ	
ゾーン	

• デザート(dessert) 디저트,　ジャンプ(jump) 도약,　ズボン(프 jupon) 양복
　바지,　ゼブラ(zebra) 얼룩말,　ゾーン(zone) 지역

■ ダ(da) 行

ダ	チ	ツ	テ	ト
だ　da	ぢ　ji	づ　zu	で　de	ど　do
「ク」와 구별하여 쓰고 탁점을 찍는다.	「ヂ」는 ジ와 발음이 같다.	「ツ」는 ズ와 발음이 같다.	「ラ」와 구별하여 쓰고 탁점을 찍는다.	한자 「ト(복)」자가 되지 않게 쓴다.

ダブル	
チーズ	
ツアー	
データ	
ドラマ	

• ダブル(double) 이중, チーズ(cheese) 치즈, ツアー(tour) 관광여행, データ(data) 자료, ドラマ(drama) 연극

■ バ(ba) 行

バ ba	ビ bi	ブ bu	ベ be	ボ bo
ば	び	ぶ	べ	ぼ
「八」자가 되지 않게 쓰고 탁점을 찍는다.	가로 1획을 먼저 쓰고 탁점을 찍는다.	「フ」이 되지 않게 쓰고 탁점을 찍는다.	눈썹을 그리듯이 한 번에 쓴다.	글자의 균형에 맞게 쓴다.

バスト	
ビーチ	
ブック	
ベスト	
ボルト	

• バスト(bust) 흉위, ビーチ(beach) 해변, ブック(book) 책, ベスト(best) 최선, ボルト(bolt) 나사못

■ パ(pa) 行

パ	ピ	プ	ペ	ポ
ぱ pa	ぴ pi	ぷ pu	ぺ pe	ぽ po
「ハ」와 같이 쓰고 반탁음을 쓴다.	「ヒ」와 같이 쓰고 반탁음을 쓴다.	「フ」와 같이 쓰고 반탁음을 쓴다.	「ヘ」와 같이 쓰고 반탁음을 쓴다.	「ホ」와 같이 쓰고 반탁음을 쓴다.

パズル	
ピアノ	
プラス	
ページ	
ポスト	

• パズル(puzzle) 수수께끼, ピアノ(piano) 피아노, プラス(plus) 플러스,
  ページ(page) 페이지, ポスト(post) 우체통

第2部

문장쓰기

* 간단한 문장표현 연습

(1) おはようございます。
안녕하세요. (아침인사)

(2) こんにちは。
안녕하세요. (낮인사)

(3) こんばんは。
안녕하세요. (밤인사)

(4) さようなら。

안녕히 가십시오.

(5) では、また。

그럼, 또 만납시다. (낮인사)

(6) おやすみなさい。

안녕히 주무십시오.

(7) ありがとうございます。

감사합니다. (또는, 고맙습니다.)

(8) どういたしまして。

천만에요.

(9) すみません。

죄송합니다.

(10) はじめまして。

처음 뵙겠습니다.

(11) どうぞよろしくおねがいします。

잘 부탁드립니다.

(12) おひさしぶりですね。

오래간만이군요.

(13) いってまいります。
다녀오겠습니다.

(14) いってらっしゃい。
다녀오십시오.

(15) ただいま。
다녀왔습니다.

(16) おかえりなさい。

돌아오십시오.

(17) いただきます。

잘 먹겠습니다.

(18) ごちそうさまでした。

잘 먹었습니다.

(19) おつかれさまでした。
수고하셨습니다.

(20) おめでとうございます。
축하합니다.

(21) いらっしゃいませ。
어서 오십시오.

(22) おげんきですか。
건강하십니까? (또는, 안녕하십니까?)

(23) はい、おかげさまで。
예, 덕분에

(24) ごめんください。
실례합니다.

(25) しつれいします。

실례합니다.

(26) どうもおじゃまいたしました。

정말로 실례했습니다.

(27) とんでもありません。

천만의 말씀입니다.

(28) だいじょうぶです。

괜찮습니다.

(29) はじめまして。

처음 뵙겠습니다.

(30) どうぞ よろしく おねがいします。

부디 잘 부탁드립니다.

(31) こちらこそ。

이쪽이(저)야 말로.

(32) なまえは _____ です。

이름은_____입니다.

※ カン(강), クォン(권), コー(고), グー(구), キム(김), バク(박), ベク(백), ソー(서), ソク(석), ソン(성,손,송), シン(신), シム(심), アン(안), ヤン(양), オム(엄), オー(오), ユー(유), ユン(윤), イー(이), イム(임), ジャン(장), ジョン(전,정), ジョー(조), チョン(천), チェ(최), ハー(하), ホー(허), ホン(홍), ファン(황)

※ 종성받침이 없는 성씨의 경우 위의 예와 같이 2박으로 ―를 넣었으나 실제 문장에서는 표기하지 않는다.

(33) くには ＿＿＿＿ です。

나라는＿＿＿＿입니다.

※ <ruby>韓国<rt>かんこく</rt></ruby>, <ruby>日本<rt>にほん</rt></ruby>, <ruby>中国<rt>ちゅうごく</rt></ruby>, アメリカ, イギリス, ベトナム, <ruby>台湾<rt>たいわん</rt></ruby>, モンゴル

(34) としは ＿＿＿＿ です。

나이는＿＿＿＿입니다.

※ いち	に	さん	し/よん	ご	ろく	しち/なな	はち	く/きゅう	じゅう
1	2	3	4	5	6	7	8	9	10

じゅうはち	じゅうく	にじゅう	にじゅういち	にじゅうに	にじゅうさん	にじゅうよん
18	19	20	21	22	23	24

にじゅうご	にじゅうろく	にじゅうなな	にじゅうはち	にじゅうく	さんじゅう	さんじゅういち
25	26	27	28	29	30	31

자기소개서(自己紹介書)

はじめまして。

처음 뵙겠습니다.

わたしの　なまえは　キムハンヨンです。

나의 이름은 김한영입니다.

嶺南大学の　一年生で、専攻は　コンピューターです。

영남대학교 1학년생이고, 전공은 컴퓨터입니다.

出身は　韓国の　テグで、としは　はたちです。

출신은 한국의 대구이고, 나이는 스무살입니다.

---

*이름은 : なまえは

*나의 이름은 : わたしの　なまえは

*전공은 : せんこうは

*출신은 : しゅっしんは

*한국인 : かんこくじん

*20・스물・스무살 : にじゅう, はたち, にじゅっさい

일본어 이력서 작성과 연습

① 이력서 작성의 예시

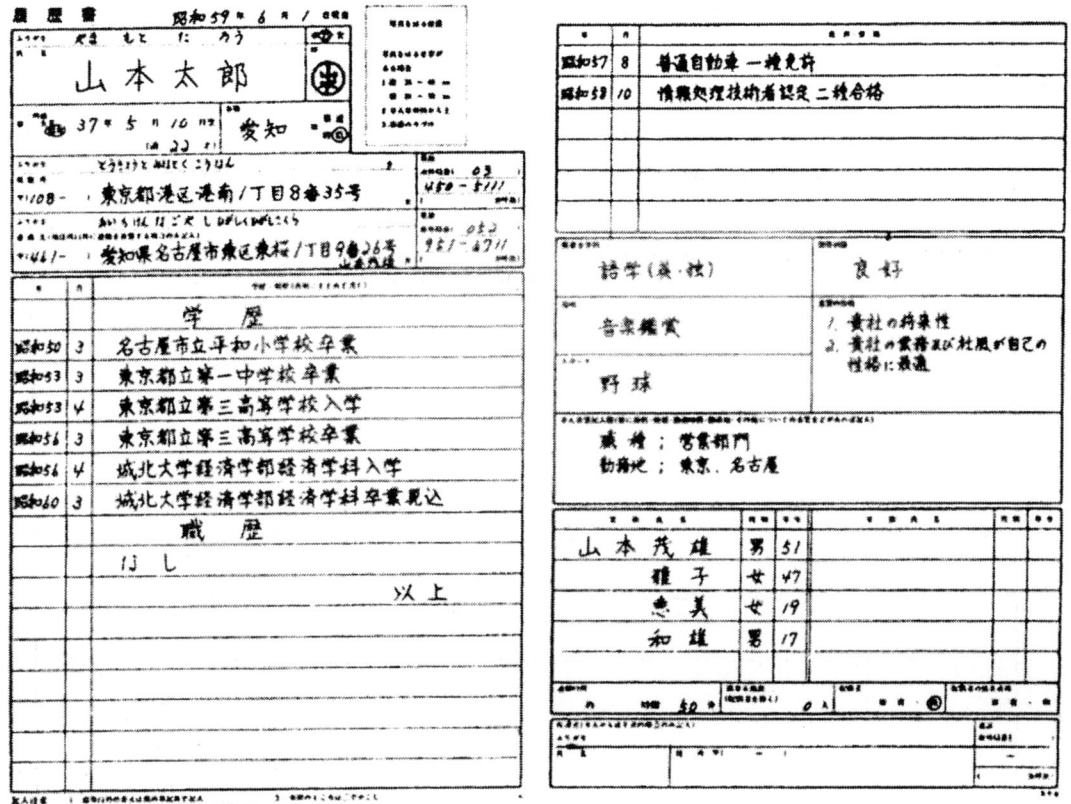

② 이력서 작성의 실제 연습

위의 이력서 작성의 예시에 따라 다음 면의 연습란에 써본다.

履 歴 書

年　　月　　日現在

ふりがな		※男・女
氏　名		印

※ 明治 大正 昭和　　年　　月　　日生 （満　　才）	本籍 ※　　都道 府県

ふりがな	電話
現住所	市外局番（　　　　）
〒（　　—　　）	— 方（　　　　　方呼出）

ふりがな	電話
連絡先（現住所以外に連絡を希望する場合のみ記入）	市外局番（　　　　）
〒（　　—　　）	— 方（　　　　　方呼出）

写真をはる位置

写真をはる必要が
ある場合

1. 縦　36 〜 40 ㎜
　横　24 〜 30 ㎜
2. 本人単身胸から上
3. 裏面のりづけ

年	月	学歴・職歴（各別にまとめて書く）

記入注意　1. 鉛筆以外の青又は黒の筆記具で記入　　　　3. ※印のところは〇でかこむ
　　　　　2. 数字はアラビア数字で、文字はくずさず正確に書く

年	月	免　許　資　格

得意な学科	健康状態
趣味	志望の動機
スポーツ	

本人希望記入欄(特に給料・職種・勤務時間・勤務地・その他についての希望などがあれば記入)

家　族　氏　名	性別	年令	家　族　氏　名	性別	年令

通勤時間	扶養家族数 (配偶者を除く)	配偶者	配偶者の扶養義務
約　　時間　　分	人	※ 有 ・ 無	※ 有 ・ 無

保護者(本人が未成年者の場合のみ記入) ふりがな	電話 市外局番(　)
氏　名　　　　住　所 〒(　 — 　)	—
	(　　方呼出)

저자 : 김도은

★약력(略歷)
· 계명대학교 대학원 일어일문학과 졸업(문학석사)
· 벳부대학대학원 문학연구과 일본어과 졸업(문학박사)
· 일본어학 전공

★저서(著書)
金到誾(2005)『はじめての新日本語』学士院

金到誾(2016)『日·韓両国語の語彙の対照研究』学士院

히라가나 · 가타가나
가나(仮名) 발음과 쓰기

2022년 5월 20일 초판인쇄
2022년 5월 25일 초판발행

지은이 : 金　　到　　誾
펴낸이 : 張　　世　　珍
펴낸데 : 学　　士　　院

대구광역시 중구 서문로2가 38의 3번지
전화 : (053) 253-6967, 254-6758,
FAX : (053) 253-9420
등록 : 1975년 11월 17일 (라120호)

□무단복제 엄금　　　　　　　　　정가 10,000원
ISBN 978-89-8223-105-6 13730